IMMINENCE
D'UNE GUERRE
EN EUROPE,

POLITIQUE ET DISPOSITIONS

DES PUISSANCES COALISÉES A NOTRE ÉGARD,

DANGERS DE LA SITUATION,

Quelle devrait être la politique extérieure de la France.

PAR M. JOANNY BONNETAIN.

MACON
1844.

(Extrait du *Bien Public* du 8 septembre 1844.)

Nous recevons d'un de nos amis, M. Joanny Bonnetain, un remarquable article sur l'état de l'Europe et la propension secrète de chacun des grands États qui la composent. Le moment actuel, tout rempli de bruits de guerre, a paru, à l'auteur de la *Démocratie Française*, favorable à l'exposition de ses idées. Nous attendrons qu'il les ait complétées dans notre prochain numéro pour porter notre jugement et faire nos réserves ; mais dès aujourd'hui, et d'après son exposition même, nos lecteurs pourront comprendre en quoi nous différons de lui et en quoi nous nous en rapprochons. Nous ne pouvons qu'approuver ce qu'il dit sur la nécessité où nous sommes de terminer promptement notre guerre d'Afrique. Nous voudrions cependant qu'il eût mieux fait ressortir les avantages que nous tirerions de la durée de la paix européenne pour nous affermir plus sûrement en Algérie. Sans nier, non plus, absolument l'existence d'une coalition et de ses desseins secrets, nous continuerons à croire qu'il eût été facile au Gouvernement de rompre ce

faisceau mal uni, et qu'aujourd'hui ce serait encore possible, et cela par les moyens pacifiques et la seule attitude de notre diplomatie. Mais, nous le répétons, nous
réservons pour notre prochain numéro notre jugement,
et, s'il y a lieu, notre réfutation.

IMMINENCE D'UNE GUERRE

EN EUROPE.

D'abord, que devons-nous penser de notre situation nouvelle en Afrique ? et dans quel état cette guerre nous place-t-elle vis-à-vis de l'Europe ?

Notre guerre d'Afrique est un épisode de notre vie guerrière et du développement de notre nationalité. Elle rend momentanément notre situation très grave. Nous parlerons de la politique européenne après une observation faite sur ce fait accidentel.

Un empire de l'Islamisme qui, pour son bonheur, devait vivre en paix avec nous, excité par le fanatisme religieux, par les manœuvres ou par les instigations de l'Angleterre, ou par l'espoir d'ébranler notre domination en Afrique, a pris soudain les armes et a fait cause commune avec l'ennemi qui nous a harcelés et combattus pendant 14 ans sur la terre africaine. Nous avons été attaqués, mais non surpris ; et le canon français de Tanger, de Mogador et de l'Isly a prouvé à ce peuple et à l'Europe entière si nous étions dégénérés. A la bataille de l'Isly, ils étaient 30 mille contre 8 mille guerriers, et toute cette armée est venue étaler son impuissance devant nos intrépides baïonnettes, et s'est dispersée sous les coups de sabre de quelques cavaliers français. Nous étions tous assurés, à l'avance, du succès et de la gloire de nos armes.

Mais notre ennemi survit à sa défaite. Il peut nous attaquer souvent encore à la tête d'une armée de 30 mille hommes. Quel parti prendre ? à quoi se résoudre ? Ferons-nous donc aussi, pendant 14 ans, une guerre de buissons et d'escarmouches avec le Maroc ? Combattrons-nous ses troupes, là, non loin des tribus arabes plus soumises à la force que domptées, qui, placées sur nos derrières, prêteront avec inquiétude l'oreille au bruit de la bataille, et se décideront à la paix ou à la guerre, en se faisant lire le bulletin de notre armée?

Cette guerre, trop longue, trop coûteuse, veut être terminée promptement. Le Maroc doit reconnaître notre souveraineté sur tout le terrein conquis par nos armes, notre sueur et notre sang. Augmentons, s'il le faut, nos moyens de triomphe.

Il est fâcheux que le vainqueur de l'Isly et sa brave armée se soient vus dans l'impossibilité de profiter de tous les fruits de leur éclatante victoire. Avec une armée d'opérations plus considérable, nous pouvions marcher en avant : la déroute de nos ennemis eût été plus terrible, plus complète et plus assurée, et notre armée eût commencé les opérations guerrières qui, restant ajournées, laissent la guerre en suspens et donnent à nos ennemis le temps de se rallier, de se compter, d'apprendre la tactique, de s'accoutumer à nos combats. Et à quels dangers nous nous serions vus exposés si nous n'eussions pas été victorieux ! Quel espoir allait renaître dans l'ame des tribus qui supportent en frémissant le joug de notre domination ! et quelle honte pour nos drapeaux, si nos soldats n'eussent pas été invincibles ! Je pense que nous devons faire marcher contre le Maroc une armée d'invasion de 40 mille hommes. Nous les vaincrons sur terre partout où ils nous résisteront.

Pour les vaincre sur mer, nous sommes en force; pour nous couvrir de gloire, démolir canons et remparts, nous manquons d'une armée d'occupation. Nos ennemis rentrés dans leurs cités, à la vue de tant de ruines, s'animeront d'un excès de haine contre nous et se montreront habiles à reconstruire de nouveaux moyens de défense. De telle sorte, que nos succès n'aboutiraient à rien.

Que si une puissance de l'Europe, par haine de nos triomphes, s'opposait à l'occupation momentanée des villes que le droit de guerre nous donne, tenez-lui le langage des batailles ; dites-lui que la France attaquée, veut, par la guerre de terre et de mer, par tous les moyens possibles et admis, faire accepter son ultimatum ou détruire son ennemi.

Les puissances de la coalition désirent la durée d'une guerre qui nous affaiblit, qui absorbe une partie de nos ressources. Nous avons été joués par l'Angleterre et le Maroc qui rivalisent de perfidie. La coalition voudrait rendre cette guerre interminable ; car cette guerre, momentanément, est pour nous une cause de faiblesse ; car elle coûte à la France 80 millions par an ; elle exige une armée plus que suffisante pour affranchir l'Italie ou l'Irlande, ou reprendre la Belgique et nos frontières du Rhin ; une armée moitié plus nombreuse que celle que Bonaparte promenait de victoires en victoires, en Italie.

Terminons cette guerre, nos intérêts l'exigent. Figurez-vous que la guerre avec le Maroc se prolonge aussi pendant dix à douze ans, que quelques tribus conquises se soulèvent, que la guerre européenne éclate ; nous aurons sacrifié deux milliards, de nombreux bataillons, pour nous voir peut-être dans la nécessité d'abandonner cette partie du monde.

Terminons cette guerre, car nous ne jouissons pas des avantages de la paix. Je dis à ceux qui nous vantent les douceurs de la paix en Europe, je leur réponds que la guerre d'Afrique, si elle dure encore dix ans, nous aura coûté en hommes et en argent autant que nous eût coûté une guerre en Europe, qui aurait pu nous replacer à notre rang de grandeur : car ici, en Europe, il suffit de deux ou trois grandes batailles pour résoudre la question. Aussi, vous qui osez vous vanter des avantages de la paix partout et toujours, c'est à tort : vous ne pouvez pas même vous prévaloir des avantages de la paix.

Personne plus que moi ne s'est réjoui de la conquête d'Alger : détruire des nids de pirates, affranchir la mer, civiliser des tribus sauvages, marcher sur les traces de la grandeur romaine, obtenir des ports, des abris pour nos vaisseaux de guerre, nos bâtiments marchands, élargir la sphère de notre commerce, c'est avoir bien mérité. Et c'est parce que cette possession est importante qu'il faut se hâter d'en jouir. Pour recueillir après avoir semé, terminons la guerre par tous les moyens en notre puissance.

Vis-à-vis de l'Europe, la guerre d'Afrique est momentanément une cause de faiblesse pour nous. J'ai fait, sur cette question et en phrases presque *semblables*, le résumé des opinions de plusieurs journaux français; ces idées ne m'appartiennent pas plus qu'à tout autre.

———

J'entre maintenant dans la question générale. J'examinerai successivement : 1° Quelle est la politique des grandes puissances de l'Europe, et leurs dispositions à notre égard; 2° Dans quelle situation la France a été réduite, à quels dangers elle se voit exposée; 3° Je dirai, selon moi, quelle doit être la politique à l'extérieur.

Quel est en Europe le but politique de l'Angleterre, de la Russie, de la Prusse et de l'Autriche?

Ces puissances sont coalisées, c'est un fait : dévoilons leur but, et nous acquerrons la triste conviction que les moyens qu'elles emploient répondent parfaitement à leurs intentions.

1° Ces puissances ont d'abord voulu empêcher une guerre de propagande faite par la France à la tête des peuples; et pour faire échouer cette politique émancipatrice dont la France était l'ame et le levier, elle a été tour-à-tour isolée de l'Espagne, de l'Italie, de l'Irlande, de la Suisse, de la Belgique même, de la politique de Méhémet-Ali, de l'Allemagne, dont on excite les haines, les jalousies, les craintes contre nous, en nous montrant toujours prêts à mettre la main sur nos frontières du Rhin, qui nous ont été enlevées par un esprit de machiavélisme pour être données à un peuple dont l'alliance nous est utile. Et la coalition met obstacle à tout ce qui pourrait occasionner le moindre rapprochement entre la France et ces peuples. La coalition est armée contre la France révolutionnaire, contre la France qui voudrait se placer sur une partie des bases territoriales de l'Empire; elle est armée contre la France qui voudrait seconder la constitution des nationalités qu'elle opprime. La coalition a toléré la Révolution de Juillet sur l'engagement qu'elle a pris d'observer les traités de 1814-1815, et d'empêcher la propagande. Le premier but atteint, l'ambition de ces puissances n'est pas satisfaite : elles ont évité un danger, mais elles n'ont pas encore réalisé leurs rêves de suprématie et d'agrandissement ; elles agissent : où vont donc leurs desseins?

2° Le deuxième dessein de leur politique consiste, pour l'Angleterre, à tenir l'Irlande de plus en plus asservie et séparée du reste de l'Europe; pour la Russie, à assimiler la Pologne ; pour l'Autriche, à dominer en Italie, à y conserver ses possessions; pour la Prusse, à s'attirer de plus en plus l'esprit et les intérêts de l'Allemagne. Elles se tolèrent respectivement dans chacune de ces positions, malgré un peu de jalousie. Or, précisément la politique de la France les menacerait sur tous ces points : est-ce possible d'admettre la France dans le giron de la coalition? Quant à la France, on ne lui permettrait pas même de s'avancer d'un mètre de terrein en Belgique ou sur les frontières du Rhin.

3° De quelle manière les puissances coalisées assurent-elles leur suprématie, la font-elles prévaloir? D'une part, elles s'agrandissent, s'accroissent ; et de l'autre, elles affaiblissent, démembrent les peuples, les divisent. Ainsi, l'Espagne est mise en rivalité avec le Portugal; ainsi, la Belgique est séparée de la Hollande; ainsi, l'Egypte est séparée de la Turquie; ainsi, l'Italie est divisée en plusieurs États distincts, et subit en partie l'influence autrichienne; ainsi, l'Irlande n'a pas un Etat émanant d'elle, et s'agite dans sa faiblesse; ainsi, l'Allemagne reste divisée en plusieurs Etats fédéralisés, on s'opposerait à son unité; ainsi, la Pologne, placée à l'avant-garde de la civilisation, tombe sanglante et immolée sous les coups du colosse moscovite. Alors qu'ont-elles à redouter, les puissances de la coalition? Elles ne se voient entourées que de petits peuples ; la France qui pourrait agir est réduite, par elles, à un état d'isole-ment, sous la menace constante de la coalition ; aussi, non-seulement ces puissances se sont mises en garde contre la propagande, mais encore, fières de leurs forces respectives et de leur association, elles poursuivent la réalisation de leur grandeur, elles ne sont occupées que du soin de conserver et d'accroître leur suprématie et leur domination ; et elles sauront bien profiter de leur posi-tion pour faire des traités de commerce contraires aux intérêts de la France.

4° Elles nourrissent encore bien d'autres projets qu'elles voudraient mettre à exécution, les puissances coalisées. Celui qui suit des yeux la pensée de la coalition, la voit s'appesantir de toute sa force sur les destinées de la France : leur intention, à notre égard, ne saurait être méconnue.—Faisons, de plus en plus, déchoir la France, ont-elles dit ; car elle pourrait rivaliser avec nous en Orient. Faisons déchoir la France, qui est le verbe de la civilisation et de la liberté ; faisons-la descendre au rang des nations de deuxième ordre. Et, pour la pousser à sa ruine, enlevons-lui tous ses alliés, forçons-la à se replier sur elle-même, à s'agiter dans les troubles civils ; laissons-la s'épuiser en Afrique, et plus tard nous lui contes-terons ses droits de souveraineté. Elle est vulnérable sur la frontière du Nord, l'Angleterre dominera sa marine ; la Russie, l'Autriche, l'Allemagne, la Prusse, auront d'immenses armées à lui opposer : étant unies, nous fe-rons tout ce que nous oserons. Et en effet, à chaque évène-ment, la coalition relève la tête, fait des traités, nous humilie, nous accable ; et pour le succès de leur politique, on voit l'Angleterre et la Russie se rapprocher ; l'Autri-che, la Prusse, l'Allemagne sont, au moindre signal, invitées à s'armer contre nous, et il s'établit de jour en jour une plus grande disproportion entre ces puissances et nous ; elles travaillent à notre déchéance.

5° Mais je n'ai pas dit encore tous les projets de la coalition. Pendant vingt ans encore, s'il le faut, elles travailleront à la déchéance de notre pays ; et après vingt ou trente ans, elles coopéreront à son démembrement : elles immoleront la France comme elles ont immolé la Pologne ; elles y intéresseront l'Espagne, s'il est nécessaire, en lui offrant l'ancien Roussillon. Et ce jour-là vous serez seuls aussi. Vous avez abandonné, banni la cause des peuples, les peuples vous abandonneront ; et ce jour-là vous serez faibles, car lorsque l'on vous a vus forts, on a ajourné le combat. Et n'écartez pas cette pensée de votre esprit, car vous ne savez pas de quelle haine les États despotiques détestent les États de liberté ; vous ne savez pas de quelle haine les États qui invoquent le droit divin, abhorrent les États qui ont proclamé la souveraineté populaire ; vous ne savez pas avec quel dédain et quelle ténacité l'Aristocratie repousse la Démocratie. Quant à l'Angleterre, chacun sait qu'elle préfère avant tout sa propre grandeur. La France peut succomber en un jour de malheur. Lorsqu'elle sera divisée en tronçons, lorsque les puissances de la coalition n'auront plus à redouter son action, oh ! alors leur politique sera souveraine. Quelle nation leur résisterait ? Comme elles iront bien vite satisfaire leur ambition en Orient !

6° C'est une face de leur grande ambition. Oui, lorsque l'étoile de la France se sera éclipsée, lorsque son épée ne pèsera plus d'aucun poids dans la balance des affaires européennes, alors vous verrez la Russie, l'Angleterre et l'Autriche se partager la Turquie d'Europe, prendre possession de Constantinople, de l'Egypte, de la Syrie ; la Prusse obtiendra, pour sa part, quelques débris de la malheureuse Pologne, qui bientôt n'existera plus que de nom. Et, dans cet état de choses, les puissances de la coalition domineront tout ; elles seront de grandes nations devant lesquelles la nôtre sera effacée et végètera dans ses ruines et son humilité. Et qui pourrait dire combien de siècles cet état de choses durerait ? Et quel ne serait pas le pouvoir de l'Angleterre et de la Russie, déjà si puissantes ! Voilà à quels dangers nous nous verrons exposés, si nous ne prenons pas toutes nos précautions.

7° Au surplus , le danger dont ces puissances nous menacent, a sa source plutôt dans les gouvernements que dans les peuples. Or, comme ce sont les gouvernements qui manient la politique , il ne disparaîtra pas aisement. La plupart des Etats européens actuels veulent, à tout prix, se conserver ; ils veulent conserver leur forme de gouvernement, l'esclavage politique , ou l'inégalité civile ; par conséquent, ils redoutent la France avec ses idées de liberté , et ils la combattent. Vous pouvez juger maintenant de la politique et des dispositions des puissances à notre égard. Les esprits sont tranquilles, parce qu'ils ne voient pas avec la même évidence la marche de la coalition , et, comme si nous n'avions rien à craindre et beaucoup à attendre de la conduite des alliés, j'entends des hommes graves dire : 1° La paix du monde repose sur l'alliance de l'Angleterre et de la France. — 2° Non : elle repose sur l'alliance de la Russie et de la France. 3° Sur l'alliance de l'Autriche (qui en vaut bien une autre) et de la France. 4° La paix du monde repose sur l'alliance de la France, de l'Allemagne et de la Prusse. Eh ! mon Dieu, faites ces quatre alliances-là, et la paix sera quatre fois plus assurée. Mais alors vous acceptez donc comme satisfaisant l'état actuel de l'Europe? mais alors vous adhérez donc à la politique pratiquée par la coalition ? mais alors vous ne tenez donc pas compte de la différence d'intérêts et de politique qui existe entre vous et la coalition? mais alors vous voulez donc vous exposer à périr dans la situation fâcheuse qu'elle vous crée? Par ma foi! on le croirait, à voir votre conduite.

8° La religion est un autre motif de division entre la France et les puissances coalisées. L'Angleterre voudrait protestantiser l'Europe; la Russie voudrait donner pour base à la vaste unité qu'elle rêve, la religion grecque; les unes et les autres voudraient amoindrir la France comme puissance industrielle; la Prusse est protestante; toutes haïssent la France catholique. Est-ce donc possible de faire une alliance intime avec l'une ou l'autre de ces puissances ?

Il nous reste à examiner 1° quels ont été les torts de la politique française ; 2° notre situation à l'intérieur ; 3° nous indiquerons le véritable objet de la politique extérieure de la France. A la politique de la coalition , nous en opposerons une autre , en essayant de scinder leur ligue en même temps , et nous énumèrerons les forces de part et d'autre.

Cependant, on nous objectera qu'il est possible de briser le faisceau de la coalition en faisant alliance avec l'une ou l'autre des nations qui en font partie. A nos yeux, une alliance ne deviendrait possible avec l'une ou l'autre des nations coalisées que dans un moment de guerre, en espérant, d'un commun accord, le remaniement des nationalités européennes. Mais, dans l'état actuel des choses, toute alliance me paraît impossible. Et dans quel but serait-elle formée ? Pense-t-on que la coalition voudrait renoncer aux avantages de sa politique ? Où est la raison d'une alliance ? Inclinez-vous vers la Russie ? la Pologne se dresse devant vos yeux , et l'ombre de la grandeur moscovite vous inspire des craintes. Adhérez-vous à l'alliance anglaise ? l'Angleterre vous présente comme obstacle sa politique tout entière ; ses jalousies en qualité de puissance maritime, et sa rivalité commerciale. Les frontières rhénanes s'opposent à une alliance entre la France , l'Allemagne et la Prusse. Enfin l'Autriche , qui ne voudrait pas se dessaisir de son royaume Lombardo-Vénitien et désespérer de ses envahissements en Italie, n'offrirait aucune compensation à la politique française.

Ne nous faisons donc pas illusion sur le bon accord des puissances avec la France. Mais on fera une autre objection , en ces termes : La paix est le bien suprême des peuples, et la politique des intérêts a succédé à la politique des États. Le premier intérêt, le premier bien pour un peuple, *c'est d'être.* Voyez la Pologne ! si par la guerre, elle pouvait renaître et s'accroître, n'aurait-elle pas intérêt à prendre les armes ? Regardez l'Italie, ou l'Irlande, ou l'Allemagne ; si, par les armes, elles pouvaient s'af-

franchir et réaliser leur unité, n'auraient-elles pas intérêt à commencer les hostilités?

Est-ce que la coalition ne menace pas les destinées de
la France?

Quittant ce terrein brûlant, des hommes trop systéma-
tiques ont essayé d'égarer l'opinion, de l'étourdir sur les
dangers de la situation politique, en lui criant chaque
jour : que la politique des intérêts matériels avait succédé à la politique pure, nationale, et que nous vivrions en
paix avec les grandes puissances, en contractant avec elles
des traités de commerce. Or, quels traités capables de dominer la politique avez-vous donc faits? et quels traités de
ce genre pouviez-vous conclure? La France pouvait-elle
faire le sacrifice de ses intérêts? L'harmonie internatio-
nale, basée sur les intérêts matériels, n'est possible
qu'avec la liberté commerciale ; or, l'Europe est-elle parvenue à cette vérité populaire? Et les gouvernements,
instruments des intérêts qui sont derrière eux, dans un
monde industriel non organisé, ne luttent-ils pas à coups
de tarifs? Nous voulons bien reconnaître les obstacles
que vous avez rencontrés : vous avez donc eu tort
de préconiser la politique des intérêts matériels, aux dépens de la politique nationale.

Les puissances coalisées n'ont pas agi de même : chacune d'elles s'est efforcée d'obtenir une coïncidence entre
sa politique d'intérêts matériels et sa politique nationale.
En effet, l'Autriche qui veut conserver sa domination en
Italie, afin de cimenter, d'utiliser ses rapports avec elle,
fera réussir son projet d'union douanière austro-italienne,
invitant à cette alliance commerciale la Sardaigne, le
royaume des Deux-Siciles, la Toscane, Parme, Lucques,
Modène, etc.; pays qui disposent de ports nombreux, parmi
lesquels on peut citer ceux de Gênes, de Nice, de Li-
vourne, de Civita-Vecchia, de Messine, de Naples, d'Ancône, de Venise, etc.; et cela dans le double projet de
retarder l'avènement de l'unité italienne et de fortifier
sa domination par la complication des intérêts, en même
temps qu'elle agrandirait sa sphère commerciale.

La Prusse se rattache à la confédération douanière allemande, qui comprend plus de 25 millions d'habitants ; association vaste, bornée à l'est par la Russie, la Pologne ; au sud par l'Autriche et la Suisse ; à l'ouest par la France ; au nord-ouest par la Hollande et la Belgique; au nord par le Hanovre et d'autres États du nord de l'Allemagne. Et ne verrons-nous pas la Belgique, avec laquelle la politique de la coalition n'a pas aimé que la France fît un traité de commerce, ne la verrons-nous pas entrer plus avant dans l'association du Zolleverein? Ces jours précédents, ces puissances signaient entre elles les conditions d'un traité commercial.

L'Angleterre, qui applique aux nations le dogme de l'égoïsme, qui désire voir succomber toutes les industries rivales, l'Angleterre fera des traités de commerce avec la Turquie à cause de l'infériorité de son commerce dans le Levant, pour se ménager des rapports utiles avec la Perse, toujours inquiète de sa domination dans l'Inde. Elle fera des alliances avec les Etats Italiens afin de soutenir une rivalité contre le commerce français et autrichien. Elle signera un traité avec la Hollande ou la Belgique pour lutter contre le commerce de l'Allemagne. Son intérêt avant tout. Elle négociera des traités avec le Portugal pour combattre la France et l'Espagne. Et quel espoir pouviez-vous concevoir d'apaiser par des traités de commerce l'antagonisme qui existe entre la France et l'Angleterre? Il n'y a pas longtemps, l'Angleterre signait un traité avec la Russie pour l'entrée de leurs bâtiments marchands, car elle a besoin des produits de cet empire. En 1838, elle signait une alliance avec l'Autriche, dans l'intention de contrebalancer l'influence du Zolleverein, et aussi avec la pensée de s'appuyer sur un allié fort dans le continent ; allié qui ne la menacera pas dans ses possessions des Indes, et qu'elle pourra opposer à la Russie comme à la France.

Quant à la Russie, elle a fait un tel sort à la malheureuse Pologne, que tout traité est devenu inutile. Et, certes, ce n'est pas cet empire qui préférerait un traité de commerce plus ou moins prohibitif à la grande politique de la nationalité.

Ainsi donc, toutes les puissances de la coalition ont su faire coïncider leur politique d'intérêts matériels avec leur politique nationale. Et je m'abstiens de tracer ici le cercle immense dans lequel la Russie et l'Angleterre se sont développées d'une manière formidable.

Au surplus, le gouvernement de 1830 était-il dans une situation favorable pour s'allier aux puissances coalisées ? La nature des gouvernements crée des facilités ou des obstacles lorsqu'il s'agit de former des alliances politiques. La coalition, à l'exception peut-être de l'Angleterre, verrait d'un œil meilleur une monarchie de droit divin : il y aurait plus d'affinité entre les gouvernements de ces Etats. Une république, quoique exécrée par les monarchies, si elle est forte et indestructible, en impose, et l'on cède à une alliance avec elle lorsque l'intérêt l'exige. Une monarchie constitutionnelle, issue d'une révolution et ne représentant pas aux yeux des monarchies le droit divin, aux yeux des peuples le principe démocratique, se trouve dans une situation plus fâcheuse pour nouer des alliances politiques. Cependant, on pouvait empêcher la marche de la coalition : la France se leva un jour formidable à ses yeux. Et je suis au deuxième point de vue de la question.

2° Quels ont été, selon moi, les torts de la politique française ? La première faute fut commise lorsque, tout-puissant, à la tête de la révolution de 1830, le Ministère ne voulut pas profiter des circonstances pour effacer les traités de 1814-1815, et replacer la France sur les bases de son territoire naturel ou de sa grandeur à venir, en refaisant, au besoin, la carte de l'Europe. La France entière était dans l'enthousiasme et enivrée d'espérance. Les résultats de sa victoire devaient être la liberté politique à l'intérieur ; à l'extérieur, sa réhabilitation. Les peuples qui aspirent à la liberté ou à l'unité avaient tous alors les regards fixés vers la France. — Ils savent qu'elle est au centre de ses alliés, et que son étendard doit être celui de la liberté ; ils savent que leurs efforts seraient infructueux sans le secours de la puissance française. La vieille Europe était encore une fois secouée, ébranlée ; — la nouvelle Europe frémissait d'impatience ; elle allait donc recevoir la charte de ses libertés ; des nations mutilées, démembrées, allaient donc regagner leurs frontières, se recomposer ; le feu sacré de la liberté et de l'émancipation circulait dans les veines ; le souffle de la fraternité humaine avait passé sur la terre habitée par les peuples, et quel instinct merveilleux animait les courages, réchauffait et faisait palpiter les cœurs ! La Révolution française était le signal d'une autre politique. Les nations modernes devaient se constituer, s'affranchir, secouer les chaînes de la vieille Europe monarchique. Et, providentiellement, excitées par un évènement ou par un autre, nous avons vu se lever l'Italie, la Pologne, la Belgique, l'Espagne ; c'est aussi pour une cause de nationalité que l'Irlande s'est agitée depuis. Et que ne pouvait-on pas espérer d'une coalition de peuples et de libertés ? Les peuples qui s'étaient éloignés de l'Empire, auraient salué de leurs acclamations les armées françaises venant combattre pour la liberté du monde. En cet instant suprême, opposant l'Allemagne et les frontières Rhénanes à la Prusse et à l'Autriche, car l'Allemagne aspire à l'unité ; opposant l'Italie à l'Autriche, la Belgique à la Hollande, la Pologne à la Russie, et presque en même temps l'Irlande à l'Angleterre, en secondant chaque mouvement de peuple, en armant douze cent mille Français, on mettait les chances de victoire du côté des peuples, et peut-être eût-il été possible, après deux ou trois grandes batailles, d'asseoir définitivement la politique des nations libres ; car les grandes puissances connaissent les avantages de la paix. Il n'existait pas d'autre alternative : il fallait ou développer la Révolution, ou s'exposer à la voir périr, et avec elle les peuples qui avaient pris les armes pour la liberté. Chaque situation renfermait ses conséquences.

La coalition voyant que la France, contenue par

le gouvernement, ne marchait pas à son but, conçut le projet d'abattre la Révolution partout. En effet, le gouvernement de la révolution de 1830, dès son origine, résista à l'impulsion nationale. Il se décida à n'accepter aucun agrandissement pour la France; aussi refusa-t-il d'incorporer la Belgique, qui offrait de devenir française. Il ne voulut pas entreprendre la réhabilitation de la France meurtrie, découpée par les traités de 1814-1815. — Le gouvernement de la révolution de 1830, qui avait refusé tant d'avantages pour la France, ne voulut pas non plus se montrer généreux envers les peuples soulevés, il les abandonna au courroux de la coalition. Ainsi, on a laissé immoler la Pologne, qui, selon le prince de Talleyrand lui-même, était une condition indispensable de l'équilibre européen : et ce fut la seconde faute. Vous connaissez tous le sort des révolutions qui ont éclaté après celle de 1830 : la coalition, victorieuse de la Révolution, fit battre plus tard la France en retraite, et vous connaissez toutes les faiblesses de notre diplomatie : l'évacuation d'Ancône, la reddition du Limbourg et du Luxembourg, la ratification du traité du 15 juillet; c'est-à-dire que la coalition, ne redoutant plus la guerre, a fait des conquêtes pacifiques; elle nous a enlevé successivement tous les avantages éclos de la révolution de 1830.

La seconde faute a été la conséquence de la première; car, après avoir proclamé que la révolution de 1830 ne sortirait pas des limites tracées par les traités de 1814-1815, après avoir avoué qu'elle ne se défendrait que si on l'attaquait chez elle, la politique de la révolution de 1830, avait, en fait, renoncé à son initiative, et abdiqué son rôle extérieur : elle capitulait devant la coalition et elle refusait son concours à la politique de solidarité des peuples, en donnant sa parole qu'elle ne bougerait pas, qu'elle n'interviendrait pas, quand bien même on immolerait les peuples soulevés. Cela a été accompli, malgré le système de la non-intervention : et dès ce moment, et chaque jour, la France s'est vue exposée à plus de dangers. D'une part, la coalition s'est fortifiée; d'un autre côté, nous avons perdu des alliés, et nous n'avons pas autant d'éléments de succès, en combattant sur notre terrein, que nous en eussions eu en marchant à la tête des peuples avec un enthousiasme bien légitime, aidant les peuples à réaliser les vérités de Dieu même.

Casimir Périer, qui eut l'unique dessein de se tenir sur la défensive vis-à-vis du dehors, et au dedans de combattre, de comprimer la Révolution, qui voulait déborder au-delà des limites imposées par les traités de 1814-1815 et par la Charte, Casimir Périer aurait-il fait les concessions que nous avons déplorées plus tard? Il ne nous appartient pas d'en augurer; mais je prétends, qu'ayant renoncé à la grande politique de la France et de l'Europe, on s'était mis dans la position de subir toutes les exigences de la coalition.

Eh quoi! vous, ministres pacifiques, qui avez refusé l'alliance des peuples; maintenant, pour une question secondaire, comme si vous n'étiez pas accoutumés aux exigences de la coalition, vous vous détermineriez à faire la guerre? Et vous avez voulu la paix, lorsqu'il s'agissait de rehausser les destinées de votre pays, de constituer l'unité et l'indépendance des nations? Reconnaîtriez-vous qu'il est temps de réparer les fautes commises? Seriez-vous fatigués des exigences de la coalition? Auriez-vous des craintes de voir bientôt la paix échapper de vos mains? Le traité du 15 juillet a prouvé que toutes les fois que l'intérêt de la France sur une question grave était en contact avec celui de la coalition, il fallait que la France sacrifiât le sien ou fît la guerre. Et jusqu'au jour où vous ferez la guerre, la coalition pourra tout exiger; car vous avez accepté sa domination. Il en résulte trois conséquences très graves : La première, c'est que la diplomatie française n'a pas le pouvoir de reconquérir les avantages que nous avons perdus : les faits sont consommés. La seconde, c'est que toute diplomatie française sera dans la nécessité de suivre les errements de l'ancienne ou de se résoudre à la guerre, car la coalition ne bronche pas. La troisième conséquence est l'abaissement continu de la France. Je le déclare donc, la diplomatie française ne saurait résister à l'action politique de la coalition. Les paroles ne sont d'aucun poids lorsqu'elles ne sont pas appuyées par la force ; la coalition ne cédera qu'à cette raison. A quoi servent vos protestations contre la destruction de la Pologne? Le traité du 15 juillet est une œuvre de la coalition ; n'a-t-il pas fallu le subir ou faire la guerre? Et chaque jour la coalition vous propose une semblable alternative ; elle vous force même à désavouer la conduite des chefs de nos armées, et la coalition se moque du ton diplomatique, de l'attitude ferme et digne, des menaces; elle va son train, et il faut une forte épée pour lui inspirer quelques inquiétudes. En résumé, sur ce point, non-seulement le gouvernement n'a pas développé la révolution de 1830, mais encore l'abaissement de notre politique est un fait certain ; notre diplomatie sera toujours impuissante pour recouvrer les avantages que nous avons perdus, et la coalition passe outre. Ne sommes-nous pas réduits à la nécessité de faire la guerre? Existe-t-il un autre parti à prendre?

3° Demain peut-être serons-nous obligés de soutenir une guerre. Jetons donc un coup-d'œil sur notre situation, ainsi que nous l'avons annoncé. — Nous avons abandonné, perdu tous nos alliés ; nous sommes en présence de la coalition ; je me demande si la France est gardée par des forces militaires suffisantes? conservatrices? Je me demande si le désarmement d'une partie de nos forces a été dicté par un esprit d'économie, ou par les susceptibilités de la politique extérieure? Je me demande s'il est permis de croire plutôt à la bonhomie des puissances coalisées qu'à leur habileté, à leur force, à leur ambition? Alors, je me demande s'il est prudent de laisser la France presque désarmée. — En effet, quelles sont nos forces? Notre armée d'Afrique se compose de 80 ou 100,000 hommes; à l'intérieur, l'effectif de nos troupes renferme 80,000 conscrits; donc vous payez l'entretien d'une armée de 300,000 hommes, sans posséder une armée de 80,000 hommes à opposer à la coalition : car nous avons aussi besoin de 30 ou 40,000 hommes pour le service des garnisons de nos places fortes, de nos villes de l'intérieur. Notre marine devrait être égale à celle de l'Angleterre, elle est inférieure cependant. Et un prince français, qui commandait avec distinction le bombardement de Mogador et de Tanger, a démontré que nous devions faire des armements, accroître nos forces navales, et principalement le nombre de nos navires à vapeur. Et combien d'hommes ne sont-ils pas de son avis ? L'Angleterre a le pressentiment d'une guerre européenne, et elle arme : imitant son exemple, il faut donc accroître nos forces navales. Est-ce donc tout ? Presque partout notre garde-nationale n'est-elle pas inactive ou dissoute ? Enfin, où est notre armée de réserve ? La France doit posséder une organisation guerrière, sa politique l'exige. Les vertus guerrières sont aux peuples ce que les vertus morales sont à l'individu. Que demain les chemins de fer de la coalition conduisent sur notre territoire une armée de 7 à 800,000 hommes, quelle armée opposerions-nous à la leur ? L'état militaire des puissances coalisées commande à la France d'être forte militairement. Elle possède tout pour être toujours la première nation guerrière. Nos forces militaires actuelles me paraissent donc tout-à-fait insuffisantes. Et je passe sous silence nos divisions intestines, le besoin d'organisation des classes industrielles, l'ardeur avec laquelle la société aspire à conquérir la liberté politique ; je passe sous silence la lutte des opinions : il règne assez d'unité et d'amour de la patrie en France, la démocratie serait assez forte pour imposer silence aux factions et faire marcher notre pays comme un seul homme contre les armées ennemies. Et c'est dans une situation semblable, irrités par les vexations de l'Anglais, excités par ses exigences, sous l'influence meurtrière des traités de 1814-1815, avec les souvenirs de la Pologne immolée, ayant encore présente à la mémoire la surprise causée par le traité du 15 juillet, sous le coup de l'audace journalière, de la puissance envahissante, guerrière de la coalition ; à la fin d'un règne, à la veille peut-être d'une régence, à l'aspect de la Turquie tombée en ruines et incapable de se défendre contre les puissances qui en méditent le partage, de l'Egypte qui bientôt ne vivra plus sous le gouvernement du vieux Méhémet-Ali ; sans alliés (notre isolement est évident) et en présence de 6 à 700 mille Russes armés, de 300 mille Autrichiens, de 150 mille Prussiens, de 100 mille soldats anglais, de 300 mille soldats allemands, qu'un évènement peut réunir contre vous ; c'est dans une situation semblable que vous vous plaisez dans une sécurité qui me remplit d'effroi ! que vous croyez à la durée de la paix, et que vous faites des idylles sur ses douceurs ! Vous ne craignez donc pas de succomber l'esprit couché sur des lits de roses ? — Nous devons être prêts à soutenir une guerre européenne, les évènements prouveront bientôt si j'ai raison. Oui, la politique, permanente, suivie, de la coalition nous oblige à nous tenir sur un pied de guerre. Et c'est encore une des conséquences de votre politique : la paix armée nous aura imposé plus de sacrifices, si on y ajoute les frais de la guerre africaine, qu'une guerre en Europe n'en eût exigés.

Que les destinées de mon pays et des peuples m'inspirent de vives inquiétudes ! Je me demande encore si le gouvernement actuel ne serait point au-dessous de la tâche de représenter en Europe les principes de la Révolution Française ? Et cependant, deux politiques se combattent en Europe : l'une veut l'affranchissement et la liberté des peuples ; l'autre désire, provoque, maintient leur asservissement et leur impuissance.

La politique de la France exige des forces militaires qu'elle n'a pas aujourd'hui : voilà notre pensée.

Si l'état actuel de la France, et d'une partie de l'Europe, n'est pas satisfaisant, que doit-il être ? et comment le changer ? par quels moyens résister à la politique de la coalition ? quel est donc le but, selon moi, de la politique extérieure de la France ? et je suis arrivé à la dernière question que je me propose d'examiner.

4° Il faut savoir et ce que l'on veut et ce que l'on ne veut pas. Puisque je vais, en terminant, exposer mes idées sur la politique extérieure, je ferai précéder mon opinion de quelques préliminaires qui la rendront plus distincte, et je déclare, dès à présent, que la politique que je désire voir triompher, est la politique des peuples, des nationalités fortes et d'un état unique à la tête de chaque nationalité.

1° Ce n'est point en faisant subir des humiliations aux rapports internationaux, que la France se fera respecter et se réhabilitera. Ce n'est point non plus en acceptant avec résignation des avanies, ou par des concessions pusillanimes, honteuses, qu'elle recouvrerait sa grandeur et briserait le faisceau de la coalition.

2° Entre la France et les puissances coalisées, il existera toujours une séparation radicale, tant que les causes qui ont donné naissance à la coalition subsisteront.

3° La diplomatie, ferme ou digne, bravache ou humble, est impuissante pour replacer la France dans ses rapports normaux avec l'Europe.

4° Mais cependant il peut y avoir une différence entre les ministères : tel ministère saisira une occasion et fera la guerre ; tel autre ministère s'effacera devant le caractère impérieux de l'occasion et ne fera pas la guerre. Donc c'est toujours par la guerre que la France aspire à se réhabiliter.

5° Je ne veux point adhérer à une politique qui n'a pas un grand dessein en Europe : qui se contenterait d'un duel entre la France et une autre nation pour montrer aux yeux de l'Europe que les armes de la France n'ont pas dégénéré.

6° Je n'approuverai jamais une politique qui se pose comme belliqueuse, excite les passions guerrières, aigrit la diplomatie, et finit par reculer lâchement lorsque le moment de la lutte est venu.

7° Je pense qu'une guerre entre la France et un autre grand peuple serait fatale à ces deux peuples, et qu'elle n'aurait pas le mérite, l'efficacité de changer l'état actuel de l'Europe et de la France : ce serait une fâcheuse nécessité.

8° Au surplus , nous sommes plus assurés de voir éclater une guerre générale en Europe , qu'une guerre partielle entre deux peuples, pour deux raisons : Parce que la diplomatie des États ne permettrait pas une lutte qui porterait atteinte à l'arrangement actuel du monde européen , qui plaît tant à la coalition ; Parce qu'en dehors d'elle, plusieurs nations ayant même intérêt à faire la guerre et à se soutenir, se ligueront naturellement entre elles. Aussi je pense , en voyant l'état des peuples, que le premier coup de canon qui sera tiré en Europe , donnera le signal d'une guerre générale.

9° Une guerre quelconque (et c'est mon avis) avec une des puissances coalisées , peut nous mettre aux prises avec la coalition entière ; par conséquent, la France doit faire des alliances et défendre ses alliés , comme elle se défendrait elle-même. Quelles sont les nations qui pour des raisons de position géographique , de communauté de croyances, d'intérêts commerciaux ou de défense commune, de secours réciproques, ont intérêt à entrer dans l'alliance française ? C'est l'Espagne, l'Italie, l'Irlande, la Belgique, la Pologne, l'Allemagne ; mais malheureusement trois d'entre elles sont dans des situations telles, qu'elles ne peuvent pas agir comme individualité nationale ; de sorte que l'intérêt de la France est de les affranchir.

10° Le parti politique dont la pensée fixe est de maintenir la paix à tout prix, n'a pas rendu la guerre inévitable : elle a sa raison d'être dans des causes supérieures à la volonté humaine. Plus elle sera retardée, plus notre politique en souffrira ; et voici pourquoi : — Le despotisme russe complètera la ruine de la Pologne ; la Belgique se détachera de plus en plus de la France ; l'Italie passera de plus en plus sous le joug de ses gouvernements despotiques et de l'Autriche ; l'Angleterre s'efforcera de reprendre son ascendant sur l'Irlande ; les rapprochements entre l'Allemagne et la Prusse seront devenus plus intimes ; enfin, les influences de l'Angleterre et de la Russie n'auront fait que s'accroître en Orient. — Et la nôtre, que sera-t-elle devenue ?

11° Heureusement, la coalition n'est pas encore parvenue aux termes de ses désirs : la Pologne tout entière n'est pas encore descendue dans la tombe, les enfants sucent avec le lait de leur mère la haine du despotisme, l'amour de la patrie ; tout Polonais porte dans son cœur l'ambition de la liberté, l'espoir de venger les tombeaux de ses aïeux, profanés par la force. La question d'Orient est dans le même état, la Turquie a fait quelques pas de plus vers sa ruine ; l'Allemagne préfère son unité avant tout ; l'Italie gémit et n'attend que le signal pour faire sa révolution, elle veut son indépendance et un seul gouvernement ; l'Irlande, plus que jamais, sent la nécessité de se séparer de l'Angleterre, de créer souverainement une représentation irlandaise ; la France n'a point perdu ses forces morales, l'ambition de sa grandeur, ses forces guerrières : son enthousiasme renaîtra. Ainsi donc, la politique française peut encore agir dans des circonstances heureuses, favorables. Je ne demande qu'une chose, c'est que l'on veuille bien reconnaître les vérités que j'ai énoncées : je sais bien que l'on voudrait gagner du temps, soit pour achever nos chemins de fer, soit pour terminer la guerre en Afrique. Un délai de quatre ou cinq ans peut-il être un motif de division entre des esprits qui tombent d'accord sur les points fondamentaux de notre politique, de notre situation ? Et si les évènements se présentaient avant quatre ou cinq ans, au lieu d'éloigner la France du théâtre de la grande politique, au lieu d'assoupir son énergie, de la laisser marcher à sa décadence, ne vaudrait-il pas mieux entrer dans la carrière des luttes, sauf à achever les chemins de fer pendant l'instant de crise et après avoir replacé notre patrie sur les bases de sa grandeur? La paix qui neutralise et affaiblit un peuple, lui devient mortelle. Au surplus, les puissances coalisées ont les mêmes raisons de vouloir la paix; se laissent-elles dominer, arrêter par ces considérations?

12° Je désire pour la France une politique dont on puisse accepter la responsabilité devant Dieu, devant les peuples, devant les nations, devant les hommes d'Etat, devant les intérêts généraux de l'humanité; je désire une politique de civilisation, de nationalité; je veux une politique d'expansion. Mes idées se réduisent à deux : constituer les nations européennes, à chaque nation donner un gouvernement unique, et agir en Orient. Voilà la politique que je préfère et qui est fondée en fait, en droit, qui est conforme aux tendances des peuples, à la marche de la civilisation. Depuis plusieurs siècles, l'Occident est en marche vers l'Orient. Est-ce l'intérêt, est-ce une pensée providentielle, mystérieuse? est-ce la curiosité qui guide ses pas? C'est tout cela, et c'est aussi le besoin d'expansion de l'Europe. Or, l'Egypte, la Syrie, Constantinople, sont le vestibule, la porte d'un monde vers lequel l'Europe se dirige. La nation turque n'est que campée en Europe, elle est en dehors de notre civilisation, elle est un obstacle à la marche des évènements. Les expéditions d'Alexandre, les croisades, l'expédition d'Egypte de Bonaparte, nous ont montré la route. Souvenez-vous que Bonaparte a consacré nos destinées à venir, en faisant écrire sur les pyramides d'Egypte : « Du haut de ces monuments, quarante siècles vous contemplent. »

La France aura sa position dans ce monde oriental. Napoléon avait rêvé une grande politique en Asie; avant de la mettre à exécution, il voulait : 1° vaincre, rendre impuissantes l'Angleterre, l'Autriche, la Russie, la Prusse; il voulait gouverner avec sa famille l'Italie, l'Espagne, une partie de l'Allemagne, et se placer au centre, à la tête d'une nation de 55 millions d'hommes. 2° Il voulait accomplir une haute mission en Orient.

Ce que Napoléon voulait faire seul, il faut le réaliser avec le concours des nations.

13° Par conséquent, je repousse une politique de coin, de feu, qui s'oppose à la marche de l'Occident vers l'Orient; résistant à l'expansion des nations européennes, ne sachant pas ouvrir des voies fructueuses aux richesses, aux activités, aux désirs; exposant les nations de l'Europe à s'entre-détruire, à se combattre par des jalousies incessantes; tenant les civilisations séparées, rêvant l'intégrité de la Turquie d'Europe, la durée du mahométisme: comme si les efforts de la diplomatie pouvaient soutenir, ou rappeler à la vie religieuse, sociale, politique, un cadavre, un empire puissant autrefois, et tombé en lambeaux à présent! La diplomatie espère-t-elle donc pouvoir toujours contenir l'ambition de la Russie et de l'Angleterre? La Russie convoite Constantinople et elle affaiblit la Turquie; elle a besoin de ports commerciaux, militaires, elle les conquiert aux dépens de la Turquie; en voilà la preuve : Par le traité de Kaïnardji, de 1774, elle obtient avec la Crimée le droit de faire naviguer sa marine marchande dans les mers de la domination turque; par le traité de Yassi, de 1792, elle s'empare du territoire d'Oczakoff; la Grèce et la Turquie sont en guerre, la politique russe a le plaisir de voir la flotte française et anglaise détruire la flotte turque à Navarin; en 1828-1829, la Russie met en défaite l'armée ottomane, et le traité d'Andrinople de 1829 lui livre le cours du Danube et 200 lieues de côtes sur la mer Noire; enfin le traité d'Unquiar-Skelessi, de 1833, lui donne la clef des Dardanelles, et en trois jours elle peut faire passer sa flotte de Sébastopol sur le Bosphore, à Constantinople. Ces faits sont incontestables. Qu'attend-elle donc, la Russie, pour s'emparer de sa proie? L'opportunité du moment, le sommeil, ou la faiblesse de la France. — L'Angleterre veut passer par Alexandrie et Suez pour aller dans l'Inde, elle a envié l'Égypte à Napoléon; elle n'a pas voulu que la Syrie fût réunie à l'Égypte. Si elle ne met pas immédiatement la main sur sa proie, elle fait comme la Russie, elle attend; mais elle ne veut en Égypte qu'une puissance faible, vassale de ses intérêts.

Aussi, le redirai-je, nous devons combattre de toutes nos forces la pensée de la coalition. Vous le voyez, c'est la contre-partie de la politique napoléonienne. La coalition travaille à subjuguer, à réduire à l'impuissance, à diviser l'Italie, l'Espagne, le Portugal, la France, la Hollande, la Belgique, l'Irlande, l'Allemagne même ; et devenue souveraine, elle agira seule en Orient ; telle est du moins la pensée de l'Angleterre et de la Russie ; la Prusse et l'Autriche obtiendront des possessions territoriales.

Maintenant, il faut choisir : Quelle politique extérieure voulez-vous adopter ? et il n'y a pas trois ou quatre politiques en perspective, votre choix est limité. Car, n'oubliez pas que la politique de l'Europe ne permettra jamais à une nation seule de faire des conquêtes sur le continent ; les gouvernements agissent en commun maintenant ; par conséquent, on ne permettrait pas à la France de conquérir ses frontières du Rhin ou la Belgique, la coalition s'y opposerait ; on ne permettrait pas à l'Autriche de conquérir l'Italie ; la coalition veut le *statu quo* actuel et la réalisation de sa politique que j'ai indiquée en commençant.

1° Voulez-vous mettre votre amour-propre à conserver l'état actuel de l'Europe, qui est contraire à la France? Voulez-vous admirer l'antagonisme de deux ou trois grandes nations, sans songer à grandir notre patrie? Le *statu quo?* mais c'est le partage de l'Orient dans un avenir plus ou moins rapproché, sans l'intervention de la France! Le *statu quo?* mais c'est exposer la France à être découpée, divisée comme l'Italie, ou comme la Hollande et la Belgique? Le *statu quo?* mais c'est l'Irlande sans gouvernement à elle, sous la domination de l'Anglais; c'est l'Italie divisée en plusieurs États qui l'oppriment; c'est l'Allemagne partagée en plusieurs États fédéralisés; c'est la Belgique faible et isolée; c'est la Pologne rendant le dernier soupir entre les bras qui l'étreignent; c'est l'isolement, l'affaiblissement des nationalités! Dans l'état actuel, où est la pondération entre les forces nationales?

2° Adoptant une autre politique, voulez-vous soulever tous les peuples, et renverser tous les gouvernements qui n'émanent pas de la souveraineté sociale ? la tâche ne serait-elle pas au-dessus des plus héroïques efforts ? Au surplus, il resterait encore à systématiser les peuples débarrassés des gouvernements non-populaires, car chaque nation doit posséder un gouvernement. Or, quelles limites donneriez-vous aux nations? Quant à moi, je dois le dire : la nature des gouvernements n'est pas une question que je me suis proposé d'examiner ici ; nous pouvons traiter des questions de politique extérieure sans avoir en face de nous des États de même nature ; les faits nous y obligent, ou autrement, il faudrait renoncer à la politique. Cependant mes opinions sont bien connues ; la liberté doit être la base radicale des États, les États doivent émaner de la société par voie d'élection : il faut la liberté pour manifester les raisons et l'intelligence, et faire de l'État un instrument des intérêts du pays.

3° Si vous n'adoptez pas l'une ou l'autre de ces politiques, à laquelle donnerez-vous votre assentiment ? A mes yeux, il ne s'en présente point d'autre que celle dont je vais indiquer les bases et les raisons, et que je crois sociale, réalisable, humaine, dans l'intérêt des peuples, conforme aux raisons d'être des nations, progressive, devant produire la paix européenne après son application , faciliter l'expansion de l'Europe, servir de contrepoids à la coalition et soustraire la France aux dangers qui la menacent. Cette politique, la voici :

Je sollicite : 1° Une alliance entre la France et les peuples qui ont besoin d'elle pour conquérir leur indépendance et leur unité;

2° Le remaniement des nationalités européennes , désirant l'existence de fortes nations;

3° Le partage de la Turquie d'Europe, la prise de possession de l'Égypte, de la Syrie, au nom de l'Angleterre, de la Russie et de la France, en y intéressant l'Autriche.

Il me serait impossible ici de donner plus de développements à ces idées ; je me bornerai donc à indiquer les faits généraux sur lesquels je me fonde :

1° Il faut reconnaître d'abord que les nations ont le droit de s'associer et d'intervenir. Le droit d'association ne peut pas être contesté ; autrement les nations seraient réduites à l'isolement, sans pouvoir faire des alliances offensives ou défensives. Quant au principe d'intervention, il est non moins moral, non moins utile. Le principe d'intervention peut être invoqué, soit pour empêcher la destruction d'un individu ou d'un peuple, soit pour aider un peuple à conquérir sa liberté ou un état indépendant. En effet, qu'est-ce qu'intervenir ? C'est agir diplomatiquement, ou avec les armes. Or, l'action est morale si elle est la réalisation d'une vérité morale, sociale, humanitaire. Eh bien ! dira-t-on que l'existence d'une nationalité n'est pas une vérité morale, sociale, intéressant l'humanité ? Soutiendra-t-on qu'une nation n'a pas le droit d'être libre ou de conquérir un état indépendant, c'est-à-dire, de ne relever que d'elle-même à l'intérieur ? Non. Donc on a le droit d'intervenir dans l'intérêt de ce peuple et des progrès de l'humanité. Le droit d'intervention est incontestable ; il est vrai, l'intervention est morale ou immorale, selon le but qu'elle se propose. Donc la France a le droit de s'associer avec les peuples que nous allons nommer, et d'intervenir dans leur politique avec leur consentement.

2° Nous exposons maintenant les raisons qui sont l'appui, la démonstration de la politique que nous proposons à l'opinion : 1° Nous affirmons que les nationalités sont utiles. Qu'est-ce qu'une nation ? Une nation est une individualité distincte des autres ; une nation est une *forme* de l'association humaine. On ne crée pas les nations de propos délibéré ; elles se forment et s'élèvent à l'unité en faisant des progrès successifs. L'humanité se développe sous cette forme. Nous rencontrons, en observant l'état des êtres sociaux, des nations, de même que nous voyons des familles : ce sont des faits. Et quoi de plus respectable

que la conscience d'un peuple? que sa vie intérieure? que
ses éléments de civilisation? L'existence d'une nation
implique ordinairement la situation géographique (la
géographie veut son existence), l'unité de religion, des
beaux-arts, des sciences, l'industrie, l'unité de langage,
de race, des mœurs semblables, des lois, des classes so-
ciales, et l'unité de chaque nation est plus ou moins par-
faite. Enfin, ce qui caractérise son individualité, c'est
son gouvernement, et une nation est réputée s'appartenir
lorsqu'elle possède un gouvernement à elle; autrement,
elle ne se produirait pas comme individualité, elle serait
sous le joug d'une autre puissance. La nationalité est aussi
utile pour les membres qui en font partie, que la famille
peut l'être pour l'individu. Sans cette forme d'association, comment la société administrerait-elle ses intérêts
généraux? comment prendrait-elle conscience d'elle-
même? Au surplus, les nations résistent à tout ce qui
peut les confondre dans le tout panthéistique de l'humanité. Ne se distingueraient-elles des autres peuples que
par leur gouvernement, que sous ce point de vue, elles
seront toujours utiles. 2° Une nation qui possède toutes
les conditions d'unité, a intérêt à n'avoir à sa tête qu'un
gouvernement : si elle est divisée en plusieurs gouvernements, chaque gouvernement divise la nation en parties
d'elle-même beaucoup plus faibles que la nation entière.
Il y a moins d'homogénéité. L'armée, l'impôt, les ser-
vices publics, l'ordre social, tout a intérêt à l'existence
d'un gouvernement unique. L'exemple de la féodalité
confirme cette vérité. 3° Cependant des faits européens
sont contraires à cette raison de puissance nationale.
L'Italie, comme individualité, possède toutes les conditions d'unité; néanmoins elle est divisée par plusieurs
gouvernements. De même, l'Irlande est une individualité
qui réunit toutes les conditions d'unité, et cependant elle
n'a pas une représentation irlandaise. L'Allemagne,
comme individualité, jouit également de toutes les conditions d'unité, et elle aussi est divisée en plusieurs États
et Principautés fédéralisés. Où est le gouvernement de la

Pologne?—Lorsque l'on a l'intention d'affaiblir un peuple on le divise ; de le dénationaliser, on le prive du droit d'avoir un gouvernement. 4° En présence des faits, connaissant les tendances de ces nations qui se distinguent des autres peuples par tout ce qui caractérise une individualité ; ceux qui en font partie sont unis par la religion, l'amour de la patrie, le langage, les mœurs, les arts, l'industrie, les lois, chacune d'elles peut être une forte nation, il faut bien reconnaître que ces nations aspirent à une révolution qui leur donnera un état unique basé sur leur liberté, leur raison, leur conscience et leur volonté. 5° Cela étant, je prétends que les besoins de ces nations créent des alliées pour la France. Mais que ceux qui nourrissent la noble ambition d'affranchir leur patrie en soient bien convaincus : chaque peuple isolément, traqué comme il l'est, n'aura pas le pouvoir de s'élever à son but ; par conséquent, il faut donc chercher des points d'appui au dehors. — La force seule est l'obstacle qui s'oppose à la réalisation de cette politique, les gouvernements la combattent, et, à l'intérieur, il n'existe pas un État central capable de dominer les autres en s'appuyant sur le peuple ; d'où il faut conclure que les peuples seuls peuvent faire triompher cette politique. 6° Alors, je soutiens qu'il faut s'emparer de ces faits, adhérer à la politique de ces peuples, former une alliance avec eux, dans leur intérêt particulier, dans l'intérêt de la France (qui en profitera pour le succès de sa politique), et dans l'intérêt général de la civilisation. Ces peuples ont le sentiment, l'idée de ce qu'ils doivent être, l'idée des grands États, l'idée d'unité, et ils obtiendront en même temps leur liberté à l'intérieur et leur état unique. Lorsqu'ils sauront la France prête à marcher, ils se lèveront. 6° Alors, nous aurons en mains le contrepoids de la politique de la coalition ; la France peut former encore d'autres alliances, elle sortira alors de son isolement ; et elle prendra l'initiative pour dénouer les difficultés de la politique européenne : telles sont les raisons pour lesquelles j'ai dit que je sollicitais : Une alliance entre la

France et les peuples qui ont besoin d'elle pour conquérir leur indépendance et leur unité, un état national.

La seconde partie de la politique que j'expose, a pour but le remaniement des nationalités européennes ; les nations fortes sont préférables aux fragments populaires. Passons donc en revue les nations qui devraient exister en Europe d'après la nouvelle systématisation ; nations dont l'existence est possible avec agrandissement :

1° La France doit incorporer la Belgique, pays catholique, trop petite nation pour rester isolée, placée dans l'alternative de devenir française, ou d'être confondue avec l'Allemagne protestante, ou de redevenir hollandaise. ce qui élèvera la population française de 34 millions à 37 millions 560 mille ames ; la Belgique donnera à la France : Anvers, Namur, Charleroy, Tournay, les citadelles de Gand et de Liège, et les places maritimes d'Ostende et de Nieuport, Menin, Ath, Mons, Philippe-Ville et Marienbourg. La France doit détacher de la Hollande le Limbourg et le Luxembourg. En outre, la France doit aller jusqu'au Rhin, ce qui lui vaudra au moins 2 millions d'ames ; ses frontières naturelles sont les Alpes, les Pyrénées et le Rhin. Sa population sera de 42 millions d'ames. La Savoie doit faire partie de la France.

2° L'Autriche, empire de 34 millions d'ames, conservera ses confins et délaissera ses possessions italiennes. Que la Suisse reste Suisse à la rigueur.

3° L'Italie est une forte nation ; le royaume Sarde, de 3,500,000 ; le duché de Parme, de 440,000 ; le duché de Modène, de 380,000 ; le duché de Lucques, de 143,000 ; la principauté de Monaco, de 6,500 ; la république de St.-Marin, de 4,500 ; la grand-duché de Toscane, de 1,275,000 ; l'état de l'Eglise, de 2,590,000 ; le royaume des Deux-Siciles, de 7,420,000 ; le royaume Lombardo-Vénitien, le Tyrol, doivent disparaître pour faire place à un État unique, qui sera à la tête d'une nation de 20 millions d'habitants.

4° La monarchie Prussienne, en incorporant le royaume

de Hanôvre, restera une monarchie de 13 à 14 millions d'ames.

5° L'Allemagne, s'emparant de la Hollande (p.2,558,000 ames), à laquelle la France renoncerait avec regret, se séparant de l'Autriche, de la Prusse, s'unissant à la France, deviendra une monarchie ou une république de 25 millions d'ames; après avoir secoué le joug de ses 40 Etats et principautés, l'Allemagne est une alliée de la France contre la Russie.

6° L'Espagne doit conquérir le Portugal (p.3,530,000), et élever sa population espagnole, qui est de 13 millions 800,000, au chiffre de 17,330,000 ; qu'elle fasse prospérer sa marine et ses industries, — à elle la république d'Andorre de 1,500 ames.

7° La monarchie Danoise, de 1,950,000 ; la monarchie Norwégiéno-Suédoise ; en un mot, le royaume de Suède, de Norwège, doivent être une même nation de 9,000,000 d'ames.

8° L'Irlande, séparée radicalement de l'Angleterre, possèdera un état indépendant, à la tête de 8,000,000 d'Irlandais.

9° La Pologne, recouvrant une partie du territoire partagé par la Russie, l'Autriche et la Prusse, se présentera, dans le congrès des nations, comme une individualité de 5,000,000 d'ames; c'est la barrière contre l'invasion russe. La république de Cracovie est-elle une nation? (144,000 ames).

10° L'Angleterre conservera ses possessions colossales, l'Ecosse; sa population est de 15 à 16,000,000 d'ames, avec lesquelles elle exploite une population de 100,000,000 d'individus.

11° L'empire Russe, jeune, qui grandit avec 60,000,000 d'ames, se développera dans ses confins immenses. En échange de la Pologne fortement reconstituée, il me semble que la politique pourrait consentir à ne pas faire des principautés de Servie, de Valachie et de Moldavie, un État indépendant; cependant il faut négocier et les circonstances en décideront.

12° La Grèce doit s'accroître des débris de la Turquie et offrir une population de 5 millions d'âmes.

Enfin, la population turque est de 5 à 6 millions d'âmes ; l'Egypte renferme une population de 1,400,000 ; la Syrie, 1,200,000 âmes. Je voudrais voir la France, la Russie et l'Angleterre à Constantinople, en Egypte : là quelle n'est pas l'importance d'Alexandrie ? En Syrie, quelle n'est pas l'importance de Rhodes, d'Alexandrette, de Chypre ? Il m'est impossible ici de faire ressortir les avantages géographiques de chaque position ; l'Autriche aurait sa part du territoire turc. Voilà sur quelles bases je comprends, je désire le remaniement des nationalités. — Voilà la politique dont on peut provoquer la réalisation pacifiquement ou les armes à la main. — Si la guerre éclate, nous aurons dans notre alliance l'Espagne, l'Italie, l'Allemagne, l'Irlande, contre la Prusse, l'Autriche et l'Angleterre, car la Russie préférera, je l'espère, sa position faite en Orient ; la constitution des nationalités ne menace pas sa politique, et Constantinople vaut plus que la Pologne ; nous aurons des peuples soulevés et armés ; 14 cent mille hommes contre 300 mille Autrichiens, 100 mille Anglais, 150 mille Prussiens et 100 mille hommes de toutes armes fournis par les gouvernements de l'Allemagne, de l'Italie et de la Hollande. L'Irlande ne fournirait pas 100 soldats à l'Angleterre. La Russie accorderait-elle 400 mille hommes à la coalition, que nous serions encore supérieurs en force. Après la réalisation de cette politique, il est facile de démontrer que les forces nationales seraient plus pondérées, la paix européenne serait assurée, et l'Occident se développerait en Orient. L'arrangement actuel de l'Europe est contraire au développement des nationalités ; ceux qui connaissent l'histoire, savent très bien que jamais on ne vit plus mauvaise construction.

JOANNY BONNETAIN.

Mâcon, 8 septembre 1844.

MACON. — IMPRIMERIE DE CHASSIPOLLET.